RECORDAÇÃO FOTOGRÁFICA
MOZAMBIQUE
A VISUAL SOUVENIR

Struik Publishers (Pty) Ltd
(a member of Struik New Holland Publishing (Pty) Ltd)
80 McKenzie Street, Cape Town 8001
Reg. No.: 54/00965/07

ISBN 1 86872 207 4

First published in 1999

Managing editor: Annlerie van Rooyen
Designer: Sonia de Villiers Hedenskog
Text: Glynne Newlands

Portuguese translator: Germano Menezes
Portuguese editing: Sociedade Austral de Desenvolvimento, SARL

Reproduction: Hirt & Carter Cape (Pty) Ltd
Printing: Tien Wah Press (Pte) Limited, Singapore

2 4 6 8 10 9 7 5 3 1

FRONT COVER The Arab quarter on Ilha de Moçambique. SPINE Wimbe beach, Pemba. BACK COVER A Makua woman from Angoche. TITLE PAGE A Makua woman's adorned face. RIGHT A dhow sets sail from Ponta da Barra.

CAPA DA FRENTE Bairro Árabe da Ilha de Moçambique. LOMBADA Praia do Wimbe, Pemba. CAPA DE TRÁS Mulher macúa de Angoche. FRONTISPÍCIO Face adornada de mulher macúa. À DIREITA Um 'dhow' fazendo-se à vela da Ponta da Barra.

INTRODUCTION

Mozambique, with Maputo as its vibrant capital city, is made up of eleven provinces and is a country well on the road to recovery after many years of disruptive civil war. Known chiefly for its unspoilt, palm-lined beaches and superb coral reefs, Mozambique has much else to attract the visitor: exotic food, an attractive mix of cultures, bustling markets, tropical vegetation, outstanding diving, snorkelling and deep-sea fishing opportunities, and a warm-hearted and generous people.

PREFÁCIO

Moçambique, tendo por capital a vibrante cidade de Maputo, é um país constituído por onze províncias que se encontra no caminho da recuperação depois de longos anos de destruidora guerra civil. Conhecido especialmente pelas suas praias virgens, orladas de palmeiras, e pelos magníficos bancos de coral, Moçambique possui muito mais atracções para o visitante: comida exótica, uma curiosa amálgama de culturas, mercados animados, vegetação tropical, oportunidades extraordinárias de fazer mergulho, 'snorkelling' e pesca de mar-alto, e um povo simpático e generoso.

LEFT Pemba womenfolk fishing.

À ESQUERDA Apanhando peixe em Pemba.

ABOVE A ferry transports passengers between Catembe and Maputo.
RIGHT The gracious Polana Hotel in Maputo.

ACIMA Um 'ferry' transportando passageiros entre a Catembe e Maputo.
À DIREITA O gracioso Hotel Polana em Maputo.

LEFT *Maputo's City Hall, built in 1945.*
ABOVE *The high-rise buildings of Mozambique's capital city, Maputo, shimmer in the soft glow of evening light.*

À ESQUERDA *O Concelho Executivo de Maputo, construído em 1945.*
ACIMA *Os altos prédios da capital moçambicana, Maputo, cintilam à luz suave do entardecer.*

RIGHT An informal trader sells cashew nuts in one of Maputo's many markets.
PAGE 12 Bananas form a staple crop in Gaza Province.
PAGE 13 Grass cutters at work in the lush Limpopo floodplain.

À DIREITA Comerciante informal vendendo castanha de cajú num dos muitos mercados de Maputo.
PÁG. 12 A banana é uma das principais colheitas da Província de Gaza.
PÁG. 13 Segadores trabalhando na luxuriante planície alagadiça do Limpopo.

LEFT A Zionist congregation attends a baptism ceremony, performed at Maxixe along southern Mozambique's coastline.

À ESQUERDA Congregação Zionista assistindo a uma cerimónia baptismal realizada na Maxixe na costa sul de Moçambique.

*RIGHT The Dona Ana Hotel in Vilanculos
overlooks the harbour. Dhows transport
passengers from here to the Bazaruto
Archipelago a short distance away.*

*À DIREITA O Hotel Dona Ana em Vilanculos
dá para o porto, de onde 'dhows' transportam
passageiros para o Arquipélago do Bazaruto
situado a pequena distância.*

*OPPOSITE AND ABOVE Local fishermen ply their trade off Bazaruto Island,
one of five islands that make up the beautiful Bazaruto Archipelago.*

*PÁG. OPOSTA E ACIMA Pescadores locais exercendo o seu ofício ao largo da
Ilha do Bazaruto, uma das cinco ilhas do arquipélago do mesmo nome.*

ABOVE Fly-fishing has become a popular and rewarding pastime on the archipelago.
RIGHT A holidaymaker soaks up the sun on Benguerra Island, a proclaimed national park.
PAGES 22 AND 23 The warm, clear waters and superb marine life of the Bazaruto Archipelago draw divers and snorkellers from far and wide.

ACIMA A pesca com mosca tornou-se um passatempo popular no arquipélago.
À DIREITA Turista tomando banho de sol na Ilha de Benguerra, um parque nacional.
PÁG. 22 E 23 As transparentes águas mornas e a abundante vida marinha do Arquipélago do Bazaruto atraem mergulhadores e praticantes de 'snorkel' de toda a parte.

PAGES 24 AND 25 *Dhows, built according to the age-old design, are still the main form of transport along the coast.*
OPPOSITE *The faded elegance of the Judicial Court in Beira.*
RIGHT *Local youths regard the photographer with curiosity.*

PÁG. 24 E 25 *Os 'dhows', construídos segundo arcaicos desenhos, são ainda o principal meio de transporte costeiro.*
PÁG. OPOSTA *A elegância fenecida do Tribunal Judicial da Beira.*
À DIREITA *Jovens locais observam o fotógrafo com curiosidade.*

ABOVE *Fishing in the Vunduzi River, Gorongosa National Park.*
OPPOSITE *The floodplain of Gorongosa. The park's wildlife was ravaged during Mozambique's civil war but is being rehabilitated at present.*

ACIMA *Pescando no Rio Vunduzi, no Parque Nacional da Gorongosa.*
PÁG. OPOSTA *A planície alagadiça da Gorongosa. A fauna bravia do parque, devastada durante a guerra civil, acha-se em vias de recuperação.*

OPPOSITE AND LEFT *The enduring traditions of marimba playing (opposite) and pot making (left) continue in Mozambique's central regions.*
PAGE 32 *A Roman Catholic church outside Manica town in central Mozambique.*
PAGE 33 *Locals pan for gold in the rivers of Manica Province.*

PÁG. OPOSTA E À ESQUERDA *As velhas tradições – marimbas (pág. oposta) e olaria – ainda vivem nas regiões centrais de Moçambique.*
PÁG. 32 *Uma igreja católica fora da cidade de Manica, no centro de Moçambique.*
PÁG. 33 *Habitantes locais bateiam ouro nos rios da Província de Manica.*

PAGES 34 AND 35 Cahora Bassa Dam's
'drowned forest' at sunset.
RIGHT The dam and the hydroelectric station
lie on the Zambezi River in Tete Province.

PÁG. 34 E 35 Pôr de sol na 'floresta submersa'
da barragem de Cahora Bassa.
À DIREITA A barragem e a estação hidro-
eléctrica acham-se situadas no Rio Zambézi,
na Província de Tete.

Opposite and Above *Some of the abundant birdlife at Cahora Bassa Dam:*
goliath heron (opposite) and Cape gannet (above).
Pages 40 and 41 *The dam is the source of a thriving kapenta fishing*
industry. Dusk sees the rigs heading out to the fishing grounds.

Pág. oposta e Acima *Uma garça (pág. oposta) e um ganso do Cabo, dois*
exemplares da abundante fauna ornitológica da barragem de Cahora Bassa.
Pág. 40 e 41 *A albufeira da barragem criou uma florescente indústria de*
pesca de kapenta. Ao cair da tarde, as embarcações dirigem-se aos pesqueiros.

LEFT AND OPPOSITE *Extensive coconut plantations thrive in the fertile soils of Zambezia Province. Copra production forms an important part of the province's economy.*

À ESQUERDA E PÁG. OPOSTA *Vastas plantações de coqueiros crescem no fértil solo da Província da Zambézia. A produção de copra forma parte importante da economia da província.*

LEFT Dramatic inselberg formations are typical
of the scenery on the road leading inland from
Nampula to Cuamba.

À ESQUERDA Espectaculares formações
montanhosas, irrompendo insularmente,
são típicas da paisagem que se desfruta da
estrada que liga Nampula a Cuamba.

*OPPOSITE AND RIGHT Mozambique's luxuriant
northern regions produce many crops such as
rice (opposite) and cotton (right).*

*PÁG. OPOSTA E À DIREITA As luxuriantes
regiões do norte de Moçambique produzem
várias colheitas tais como arroz (pág. oposta)
e algodão.*

RIGHT AND OPPOSITE *The parish church of São Antónia (right) and the central mosque (opposite) on the small yet culturally rich island of Ilha de Moçambique.*
PAGES 50 AND 51 *Mending nets on Ilha de Moçambique. Most of the island's inhabitants rely on fishing for their income.*

À DIREITA E PÁG. OPOSTA *A igreja paroquial de Santo António e a mesquita central (pág. oposta) na pequena, mas culturalmente rica, Ilha de Moçambique.*
PÁG. 50 E 51 *Consertando redes de pesca na Ilha de Moçambique. A maioria dos habitantes da ilha vive da pesca.*

Opposite and Right Ilha de Moçambique's Fortaleza de São Sebastiao was built by the Portuguese in the 16th century. Portuguese is the official language of the country.

Pág. oposta e à direita A Fortaleza de São Sebastião da Ilha de Moçambique foi construída pelos portugueses no século XVI. O português é a língua oficial do país.

ABOVE AND OPPOSITE   The Makua women of the northern provinces are known for their painted faces, colourful attire and their folk dances. PAGES 56 AND 57   At least 25 per cent of Mozambique's population are Muslim. Arabs traded with the country's inhabitants from AD 600.

ACIMA E PÁG. OPOSTA   As mulheres macúas das províncias do norte são conhecidas pelos seus rostos pintados, pelo colorido das roupas e pelas danças. PÁG. 56 E 57   Pelo menos 25 porcento da população de Moçambique é muçulmana. Relações comerciais com os árabes já existiam nos anos 600.

PAGES 58 AND 59 *The tranquil beauty of a fishing village at Pemba.*
LEFT AND OPPOSITE *Mangrove swamps form dense thickets along the country's coastline and at river mouths.*

PÁG. 58 E 59 *A tranquila beleza de uma vila de pescadores em Pemba.*
À ESQUERDA E PÁG. OPOSTA *Mangais formam matas densas ao longo da zona costeira do país e nas embocaduras dos seus rios.*

OPPOSITE The paste worn by Makua women on their faces is for adornment
and also serves as a natural moisturiser.

ABOVE Makua women drive fish into their nets on one of the Quirimbas islands.

PÁG. OPOSTA A pasta usada na cara pelas mulheres macúas serve de adorno
e também de humedecedor natural da pele.

ACIMA Mulheres guiando o peixe para as redes numa das ilhas Quirimbas.

ABOVE Fishing dhows at anchor off one of the Quirimbas islands.
OPPOSITE Coconut groves flourish in Palma, a small town situated in
Cabo Delgado Province.

ACIMA 'Dhows' de pesca fundeados ao largo duma das ilhas Quirimbas.
PÁG. OPOSTA Plantações de coqueiros crescem em Palma, pequena vila
situada na Província de Cabo Delgado.

LEFT A Makua woman adorned with facial tattoos and an upper lip plug.

OPPOSITE Mats made from palm fronds are household items in everyday use.

PAGE 70 A sturdy vehicle is needed to negotiate the rough main road north from Palma to Mocímboa da Praia.

PAGE 71 Village women crushing cassava in the Mueda district.

À ESQUERDA Uma mulher macúa adornada com tatuagens faciais e um espigão no lábio superior.

PÁG. OPOSTA Tapetes feitos de frondes de palmeira são artigos domésticos de uso diário.

PÁG. 70 Para transitar pela estrada que de Palma leva a Mocímboa da Praia, são necessários veículos robustos.

PÁG. 71 Mulheres de aldeia esmagando mandioca no distrito de Mueda.

LEFT The sheltered, mangrove-lined bay of Mocímboa da Praia.
PAGE 74 A Mapico dancer performing in colourful costume.
PAGE 75 Mueda is known for its superb and unusual Makonde carvings.

À ESQUERDA A protegida baía de Mocímboa da Praia, orlada de mangal.
PÁG. 74 Um dançarino Mapico no seu traje colorido.
PÁG. 75 Mueda é conhecida pelas suas maravilhosas e invulgares esculturas macondes.

RIGHT AND PAGES 78 AND 79 Elephant (right)
in the Niassa Reserve, which is bordered by
the Lugenda River (pages 78 and 79) to
the south and west.
PAGE 80 Heading home, Palma.
ENDPAPERS Goats on Bazaruto Island.

À DIREITA E PÁG. 78 E 79 Elefantes (à direita)
na Reserva do Niassa a qual confina com o
Rio Lugenda (pág. 78 e 79) ao sul e a oeste.
PÁG. 80 De regresso a casa, Palma.
CONTRA-CAPAS Cabras na Ilha do Bazaruto.